DIE ZEIT Klassik-Edition

DIE ZEIT Klassik-Edition

20 große Interpreten in 20 Bänden

Mit dem Besten aus der ZEIT,
u.a. mit Beiträgen von
Susanne Mayer und Claus Spahn

Band 4
Sabine Meyer

Zeitverlag Gerd Bucerius GmbH & Co. KG

Impressum:

Herausgeber
Zeitverlag Gerd Bucerius GmbH & Co. KG
Pressehaus
Speersort 1
20095 Hamburg

Die ZEIT Klassik-Edition erscheint im Zeitverlag Gerd Bucerius GmbH & Co. KG.

Musikaufnahmen EMI Music Germany GmbH & Co. KG

Redaktionsleitung Volker Hagedorn
Redaktion Maren Soehring
Bildredaktion Andy Heller
Grafische Konzeption und Einbandgestaltung Ingrid Nündel
Satz und Repro Zeitverlag Gerd Bucerius GmbH & Co. KG
Druck und Bindung GGP Media GmbH, Karl-Marx-Str. 24, 07381 Pößneck
Printed in Germany
Bildnachweis Einband, Umschlag und CD Helge Strauss/EMI Classics, Sheila Rock/EMI Classics (2)

ISBN Gesamtreihe: 3-476-02200-5
ISBN Band 4: 3-476-02204-8

» Ach, wenn wir nur auch clarinetti hätten … «

WOLFGANG AMADEUS MOZART

Inhalt

Von Anfang an hat sich die Klarinettistin Sabine Meyer um authentische Interpretation bemüht. Mit der Dresdner Staatskapelle hatte die junge Solistin 1985 bei Webers Klarinettenkonzerten ein Orchester an ihrer Seite, das dafür gerühmt wird, den warmen, dunkel grundierten Klang der deutschen Romantik über die Zeiten hinweg bewahrt zu haben. Als sich Sabine Meyer fünf Jahre später auf Mozarts Klarinettenkonzert vorbereitete, ging sie noch einen Schritt weiter. Mozart hat sein Werk für Bassettklarinette komponiert, eine Erfindung, die den Tonumfang der Klarinette in der Tiefe erweiterte, sich jedoch nicht durchsetzen konnte. Sabine Meyer aber ließ sich ein Instrument nachbauen und überraschte das Publikum mit einer rekonstruierten „Ur"-Melodielinie. Das Ergebnis war so überzeugend, dass sie Mozarts Meisterwerk seitdem ausschließlich auf der Bassettklarinette spielt.

Meyers Aufnahmen – Inhalt der CD

Wolfgang Amadeus Mozart (1756–1791)
Klarinettenkonzert A-Dur KV 622 (1791)

1 Allegro (11:52)
2 Adagio (6:35)
3 Rondo (Allegro) (8:16)

Carl Maria von Weber (1786–1826)
Klarinettenkonzert Nr. 1 f-Moll op. 73 (1811)

4 Allegro (Kadenz: Heinrich Joseph Bärmann) (8:11)
5 Adagio ma non troppo (6:43)
6 Rondo (Allegretto) (6:09)

Klarinettenkonzert Nr. 2 Es-Dur op. 74 (1811)

7 Allegro (8:34)
8 Romanza (Andante) (7:11)
9 Alla polacca (6:26)

Gesamtspielzeit 70:12

Sabine Meyer, Bassettklarinette (1–3), Klarinette (4–9);
Staatskapelle Dresden, Hans Vonk (1–3), Herbert Blomstedt (4–9)

Sabine Meyer – eine Biografie

Es war das Ende einer durch und durch unglücklichen Beziehung – und der Beginn einer Weltkarriere. Mitte Mai 1984 gab die damals 25 Jahre alte Klarinettistin Sabine Meyer öffentlich bekannt, dass sie darauf verzichte, über ihr Probejahr hinaus Mitglied des Berliner Philharmonischen Orchesters zu sein. Sie wolle nicht schuld daran sein, dass die historisch einmalige Partnerschaft zwischen dem Orchester und Herbert von Karajan tiefgreifenden Schaden nehme, schrieb die Musikerin in einem Brief an den Vorstand des Berliner Philharmonischen Orchesters. Eine Entscheidung über ihren Verbleib sei „durch eine Vielzahl von Problemen derart belastet, dass sie nicht mehr frei von sachfremden Momenten getroffen werden" könne.

Anderthalb Jahre hatte der heftige Streit um die Besetzung einer Soloklarinettenstelle in Deutschlands renommiertestem Orchester gedauert. Der Berliner Senat und sogar der damalige Regierende Bürgermeister und spätere Bundespräsident Richard von Weizsäcker versuchten zu schlichten. Mit einer eigenmächtigen Entscheidung Karajans hatte der Skandal Ende 1982 seinen Anfang genommen. Der Mann, der einige Jahre zuvor noch öffentlich behauptet hatte, Frauen gehörten „in die Küche und nicht ins Orchester", hatte seinem von Männern dominierten Orchester eine Frau als neue Soloklarinettistin vorgesetzt - ohne das Ensemble zu fragen.

Ein Affront. Zumindest aus Sicht der Philharmoniker, die dann alles taten, um die junge Kollegin zu boykottieren. Obwohl Sabine Meyer gleich mehrere Probespiele für sich entschieden hatte. Obwohl sie unter anderem auf einer Amerika-Tournee des Orchesters sehr erfolgreich gespielt hatte. Ihr Ton passe doch nicht hundertprozentig ins Ensemble, befand nach einer Phase des Ausprobierens bei einer erneuten Abstimmung eine knappe Mehrheit ihrer 120 Kollegen. „Gewiss geht die Klangvorstellung der Berliner eher zum dunklen, runden und vollen Klang, aber die Idee ist lächerlich, dass ich so ganz anders blase", sagte die Musikerin damals. Heute äußert sich die 47-Jährige zum „Fall Sabine Meyer", der monatelang nicht nur das Feuilleton, sondern auch die Boulevardpresse beschäftigte, am liebsten gar nicht mehr: „Ich möchte das nicht wieder aufwärmen." Dennoch – es ist diese Geschichte, die mit dem Leben der im baden-württembergischen Crailsheim geborenen und aufgewachsenen Sabine Meyer immer verbunden werden wird. Obwohl sie, die damals zumindest offiziell sogar noch als Studentin an der Musikhochschule Hannover eingeschrieben war, sich schon in einem renommierten Orchester bewährt hatte: Mit gerade 21 Jahren schaffte Sabine Meyer den Sprung zum Symphonieorchester des Bayerischen Rundfunks und wurde dort stellvertretende Soloklarinettistin. Und obwohl die Musikerin vollkommen unabhängig von dem Skandel seit mehr als 20 Jahren Weltkarriere als Solistin macht.

Zu viel sagt die Geschichte über die Zeitgeschichte aus, um vergessen zu werden: über den Grad der Emanzipation (die Wiener Philharmoniker ließen sogar erst ab 1997 Frauen zu), über die Machtkämpfe und Intrigen, den Konservatismus und die Enge, die

Im Zentrum des Skandals: Über die 24-jährige Meyer stritt sich Herbert von Karajan mit den Berliner Philharmonikern

damals in dem deutschen Eliteorchester herrschten. Zu wenig aber über die Musikerin Sabine Meyer, die einfach nur so gut auf ihrem Instrument war, dass sie – vermutlich ohne je darüber nachgedacht zu haben – in eine Männerdomäne einbrach. Und die heute als diejenige gilt, die die als Soloinstrument unterschätzte Klarinette zurück auf die Konzertpodien der Welt holte. Bei mehr als 80 professionellen Orchestern hat sie mittlerweile in Deutschland gastiert. Sie kann auf für Bläsersolisten ungewöhnliche internationale Engagements verweisen:

bei dem Chicago Symphony Orchestra, bei dem San Francisco Symphony Orchestra, dem London Philharmonic Orchestra, dem NHK Symphony Orchestra Tokyo, dem Philharmonischen Orchester St. Petersburg, bei vielen Radio-Sinfonie-Orchestern und den Wiener Philharmonikern – um nur eine Auswahl zu nennen. Übrigens spielte sie auch wieder mit den Berliner Philharmonikern: Für eine Neuaufnahme des Mozart-Klarinettenkonzertes unter Claudio Abbado bekam sie im Jahr 2000 sogar den Echo-Preis der Deutschen Phonoakademie als „Instrumentalistin des Jahres". Nicht zum ersten Mal. Sechs der begehrten Auszeichnungen hat sie mittlerweile erhalten – allein vier Mal wurde sie als „Instrumentalistin des Jahres" geehrt: für Aufnahmen der Klarinettenkonzerte von Johann und Carl Stamitz, und eben für Mozarts Klarinettenkonzert und für eine Aufnahme virtuoser Werke von Weber und Mendelssohn.

Claudio Abbado berief die Musikerin als Soloklarinettistin auch in sein neu gegründetes Lucerne Festival Orchestra bei den dortigen Internationalen Musikfestwochen. Das Alban Berg Quartett oder das Tokyo String Quartett, der Geiger Gidon Kremer, der Cellist Heinrich Schiff, die Bratscherin Tabea Zimmermann und die Pianisten Oleg Maisenberg und Lars Vogt sind andere Weltklassemusiker, mit denen Meyer zum Teil schon seit 20 Jahren in der Kammermusik konzertiert. Eine solche Vita kann man etwas besser verstehen, wenn man weiß, dass Sabine Meyer aus einer Musikerfamilie stammt, in der die Klarinette eine herausragende Rolle spielte. Schon der Großvater hatte das Instrument gespielt (wenn auch nur in der Blaskapelle der Crailsheimer Post). Der Vater, der nach dem Krieg sein Geld in einer

Geglättete Wogen: Mehrfach trat Sabine Meyer – wie hier 1996 – nach ihrem Zerwürfnis mit den Berliner Philharmonikern auf und spielte mit ihnen auch Mozarts Klarinettenkonzert ein

der ersten deutschen Big Bands verdiente und später eine private Musikschule hatte, widmete sich mehr dem Jazz. Auch ihr fünf Jahre älterer Bruder Wolfgang ist Klarinettenspieler. Mit ihm und ihrem Ehemann Reiner Wehler (ebenfalls Klarinettist) musiziert sie heute zusammen in der Formation Trio di Clarone.

Sabine Meyer, geboren am 30. März 1959, spielte zunächst Klavier und Geige und bekam mit acht Jahren von ihrem Vater den ersten Unterricht auf „ihrem Instrument". Der Aufstieg verlief steil: Mit elf wurde Sabine Meyer Mitglied im Bundesjugendorchester, mit zwölf Jungstudentin an der Musikhochschule Stuttgart. Dreimal bekam sie auf Bundesebene bei Jugend musiziert den Ersten Preis, verließ mit 16 die Waldorfschule und folgte ihrem Bruder nach Hannover an die Staatliche Hochschule für Musik zu ihrem wohl wichtigsten Lehrer, Hans Deinzer. Dort lernte sie, was für die Klarinette damals ungewöhnlich, für andere Instrumente aber selbstverständlich war: Farbnuancen zu setzen, Komponisten ihren eigenen, unverwechselbaren Charakter zu geben – also ein Stück von Mozart anders zu interpretieren als eines von Debussy oder von Strawinsky. So ein raffiniertes, klangfarblich differenziertes Spiel sei Anfang der 80er Jahre, als sie zu konzertieren begann, nicht selbstverständlich gewesen, hat Sabine Meyer immer wieder betont. Oft habe man sich schon zufrieden gegeben, wenn die Töne ordentlich kamen. Die klanglichen Möglichkeiten, die Feinheiten der Klarinette seien kaum ausgeschöpft worden.

Meyer, die seit 1993 selbst an der Lübecker Musikhochschule unterrichtet, steht heute für solch ein nuancenreiches Spiel, schlank und trotzdem groß, gesanglich, warm, dazu auf eine so natürliche Weise beweglich, dass es wirkt, als pulsiere der Ton durch den Körper. Sie hat zudem nicht nur die Klangvorstellung auf der Klarinette revolutioniert, sie hat auch der lange vergessenen Schwester der Klarinette, dem Bassetthorn, das auf Italienisch *clarone* heißt, zu neuen Ehren verholfen. Sabine Meyer führt inzwischen mit dem Trio di Clarone regelmäßig Kammermusik für Bassetthorn auf, darunter fast vergessene Originalkompositionen Mozarts genauso wie Werke der Gegenwart. Regelmäßig gastiert das Trio auch in den USA, Japan, China und Afrika.

Sie spielt, seit sie das Instrument für sich entdeckt hat, außerdem Mozarts Klarinettenkonzert auf der Bassettklarinette. Für die moderne A-Klarinette müssten die von Mozart gewollten tiefen Töne in die langweilige Mittellage verlegt werden, sagt Meyer. Sie interpretiere das Stück viel lieber auf der Bassettklarinette, die über alle hohen und tiefen Töne verfügt, die auch Mozart im Ohr hatte. Auch das schmale Repertoire „ihres" Instrumentes versucht Meyer zu erweitern. So gräbt sie immer wieder interessantes, aber vernachlässigtes oder fast vergessene Stücke aus: Werke von Heinrich Jospeh Bärmann etwa, einem Zeitgenossen Mendelssohns und berühmten Klarinettisten, oder Klarinettenkonzerte von Sándor Veress und Berthold Goldschmidt. Sie setzt sich für neue Musik ein, regt zeitgenössische Komponisten an, für die Klarinette zu schreiben. So zum Beispiel den aus Hiroshima stammenden Isang-Yun-Schüler Toshio Hosokawa, der ihr sein Klarinettenkonzert *Metamorphosis* widmete. Oder den in Cremlingen bei Braunschweig geborenen Manfred Trojahn, der ebenfalls ein Klarinettenkonzert für sie schrieb – und ihr 2006 sein Stück *ariosi* für Sopran, Bassettklarinette und Orchester widmete, ein Auftragswerk der Salzburger Festwochen nach einem Text von Michelangelo.

Für das von ihr initiierte Bläserensemble Sabine Meyer, in dem führende Solisten aus verschiedenen Ländern zusammenwirken, haben renommierte Komponisten wie Edison Denissov oder Nicolo Castiglioni geschrieben. Sogar Jazz hat Sabine Meyer schon gespielt. *Paris mécanique* heißt ein Projekt mit dem Trio di Clarone, dem Drehorgelspieler Pierre Charial und dem Jazz-Klarinettisten Michael Riessler, das die Pariser Musik der 20er Jahre wieder aufleben lässt. Mit dem Trio di Clarone und dem amerikanischen Jazz-Klarinettisten Eddie Daniels spielte sie die CD *Blues für Sabine* ein. Zusammen mit Bruder Wolfgang gestaltete sie eine *Homage to Benny Goodman*

mit Stücken von Bernstein, Copland, Strawinsky und aus Goodmans eigenem Jazz-Repertoire. Die Aufnahme war wohl auch eine Hommage der Kinder an die Jazz-Leidenschaft ihres Vaters Karl.

Übrigens: Auch Sabine Meyers Sohn Simon spielt Klarinette, in vierter Generation, und hat auch schon auf Bundesebene Preise bei Jugend musiziert gewonnen. Aber bislang zumindest will der jüngste Meyer lieber Mathematik oder Physik studieren.

Jutta Rinas

Musikerin mit Familientradition:
Meyers Vater war Jazzklarinettist, auch ihr Sohn ist inzwischen auf dem Instrument erfolgreich

Über die Klassik hinaus: Sabine Meyer spielt auch Jazz – wie hier mit der Bamberg Big Band im Jahr 2000 in Luzern

Sabine Meyer – Komponisten und Werke

Sanfter Ton des Herzens – die Klarinettenkonzerte von Mozart und Weber

Selbst bei vielen Klassikkennern rufen diese Namen nur ein Achselzucken hervor: Anton Stadler, Heinrich Joseph Bärmann? Dabei sind es zwei Musiker, die Musikgeschichte gemacht haben. Als Virtuosen zeigten sie ihrem begeisterten Publikum, wie nahe der Klang der Klarinette der menschlichen Stimme kommen kann. Als Künstlerpersönlichkeiten inspirierten sie Wolfgang Amadeus Mozart und Carl Maria von Weber zu den schönsten Solokonzerten, die je für dieses Instrument geschrieben wurden.

Lange galt die Klarinette als vulgär, ein Volksmusikinstrument, das im Sinfonieorchester nichts zu suchen habe. Der Name leitet sich von *clarino* her, der italienischen Bezeichnung für die hohe Solotrompete. War kein Blechbläser zur Hand, der die Sopranlage spielen konnte, musste als Notlösung der Klarinettist einspringen. Hell und quäkig klang der Ton dieses um 1700 aus der Schalmei entwickelten Instruments, geeignet gerade mal für Militärmusik oder dörfliche Tanzvergnügungen. Erst durch die Einführung eines komplexen

Mozart im Kino: Das Adagio aus dem Klarinettenkonzert erklang in „Jenseits von Afrika" (hier mit Meryl Streep als Karen) und „Green Card"

Tonklappensystems nach dem Vorbild der Querflöte in der Mitte des 18. Jahrhunderts zeigte sich die Klarinette dann den neuen Klanganforderungen der Klassik gewachsen. Statt der schneidenden Spitzentöne nutzten die Komponisten nun vor allem die sanfte Mittellage und das ausdrucksstarke tiefe Register. Mit diesem „Ton des empfindsamen Herzens" machte die Klarinette Karriere und wurde im 19. Jahrhundert gar zum Modeinstrument. In der klassischen Orchesteraufstellung konnten die Klarinetten als Spätentwickler allerdings nur noch die zweite Reihe bei den Holzbläsern ergattern, hinter den viel älteren, traditionsreichen Flöten und Oboen.

Am experimentierfreudigen Musenhof des Mannheimer Kurfürsten Karl Theodor lernt der junge Wolfgang Amadeus Mozart die Möglichkeiten des technisch aufgerüsteten Instruments kennen und lieben. „Ach, wenn wir nur auch clarinetti hätten", schreibt er 1778 begeistert an seinen Vater in Salzburg, „sie glauben nicht, was eine sinfonie mit flauten, oboen und clarinetten einen herrlichen Effect macht." Fünf Jahre soll es allerdings noch dauern, bis Mozart den Wiener Hofopernklarinettisten Anton Stadler kennen lernt. Im Bestreben, den Tonumfang seines Instruments in die Tiefe zu erweitern, hat der Musiker Elemente des schwerfälligen Bassetthorns und der leicht ansprechenden Klarinette kombiniert. Ein zeitgenössischer Kritiker schwärmt: „Hat doch dein Instrument ein Ton so weich, so lieblich, das ihm Niemand widerstehen kann, der ein Herz hat." Auch Mozart lässt sich vom samtigen Klang der Stadlerschen Bassettklarinette gefangen nehmen und schreibt dem Musiker Solostellen in seinen Opern *La clemenza di Tito* und *Die Zauberflöte* auf den Leib. Dass Stadler 1785 der Freimaurerloge beitritt, der auch Mozart angehört, vertieft die Künstlerfreundschaft.

1789 entsteht für Stadler ein Klarinettenquintett, das am 22. Dezember im Wiener Burgtheater uraufgeführt wird. Anfang Oktober 1791 schließlich vollendet Mozart das Klarinettenkonzert, das in Köchels Verzeichnis die Nummer 622 bekam. Zwei Monate vor seinem frühen Tod schafft er ein Meisterwerk von vollendeter

Eleganz und bewegender Intimität. Vor allem der zweite Satz wirkt wie ein innerer Monolog und erinnert an Paminas Arie „Ach, ich fühl's, es ist entschwunden" aus der *Zauberflöte.* So wie die Tochter der sternflammenden Königin nach der vermeintlichen Zurückweisung durch Tamino ihren Schmerz im Selbstgespräch verarbeitet, scheint auch die Klarinette ganz in Gedanken versunken. Die Melancholie ist hier allerdings ohne Bitterkeit, es sind Abschiedsgesänge eines reinen Herzens, das seinen Frieden mit der Welt gemacht hat. Die Todesahnung des 35-Jährigen, der parallel zum Klarinettenkonzert auch an seinem unvollendet gebliebenen *Requiem* arbeitete, vermeinen sensible Interpreten sogar in den heiteren Ecksätzen herauszuhören.

Rokokohaft galant gibt sich das einleitende *Allegro.* Nach der Präsentation des perfekt gebauten Themas scheint sich das Ensemble geradezu vor der Klarinette zu verbeugen. Wie ein Hofknicks klingt die musikalische Formel, die das Orchester zweimal spielt, um dann dem Solisten die Bühne zu überlassen. Der Schlusssatz schließlich ist als Rondo angelegt, in einer Form also, bei der das Hauptthema mehrfach wiederkehrt, unterbrochen von kontrastierenden Zwischenspielen. So einen mitreißenden Melodieeinfall, wie ihn Mozart hier hatte, kann man in der Tat gar nicht oft genug hören! Bei der Drucklegung des Konzerts um 1801 wurde übrigens die Klarinettenstimme einer normalen A-Klarinette angeglichen, da Bassettklarinetten vergleichsweise selten waren und sich das Konzert so besser verkaufen ließ. Sabine Meyer spielt die rekonstruierte Originalfassung auf einer Bassettklarinette.

Auch Carl Maria von Weber, übrigens ein Cousin von Mozarts Frau Constanze, entdeckte nur wenige Jahrzehnte später durch einen Klarinettenvirtuosen seine Liebe zu dem Instrument. Am 18. November 1786 wird Weber in eine Theaterfamilie hineingeboren. Schon als Kind lernt er auf ausgedehnten Tourneen die Welt kennen. Er bleibt sein ganzes kurzes Leben ein Umherreisender, erst als Klaviervirtuose, später als gefragter Opernkomponist. Nach ersten Anstellungen am Theater Breslau und beim württembergischen Herzog kommt er über Stuttgart und Darmstadt 1813 als Kapellmeister nach Prag. Ab 1816 baut Weber dann eine deutsche Operntruppe in Dresden auf. Sein Ziel ist es, die Dominanz der italienischen Komponisten zurückzudrängen.

Aus seiner Beschäftigung mit der französischen Revolutionsoper, klassizistischen Komponisten wie Spontini und Cherubini sowie Boieldieus naiver Schauerromantik entwickelt Weber schließlich seine Konzeption eines neuen Musiktheaters. Mit seinem *Freischütz* gelingt ihm 1820 ein Werk, bei dem das Orchester nicht mehr nur Begleiter der Sänger ist, sondern mittels einer ausgefeilten Klangfarbendramaturgie Seelenregungen und Naturstimmungen einzufangen vermag. Die Uraufführung in Berlin ist ein Triumph, Weber wird zum Erfinder der „deutschen Nationaloper“ ausgerufen. 1823 entsteht für Wien die Oper *Euryanthe,* im Jahr darauf nimmt der Komponist, obgleich schon von der Schwindsucht gezeichnet, den ehrenvollen Auftrag des Londoner Covent Garden Opera House an, einen *Oberon* zu komponieren. Kurz nach der Uraufführung am 12. April 1826 stirbt Weber 39-jährig in der britischen Hauptstadt.

Anfang 1811 lernt Weber in Darmstadt den Münchner Klarinettisten Heinrich Joseph Bärmann kennen. Begeistert von seiner Meisterschaft, schreibt er spontan ein knapp zehnminütiges *Concertino* für Klarinette und Orchester, das am 5. April 1811 in München uraufgeführt wird. Der Erfolg des in nur sechs Tagen entstandenen Stücks ist überwältigend. „Seit ich für Baermann das *Concertino* componirt habe, ist das ganze Orchester des Teufels und will Concerte von mir haben“, berichtet er stolz. Sogar der bayerische König bestellt – „für ziemlich Preiss“ – zwei Klarinettenkonzerte. Der

Carl Maria von Weber auf einer Federzeichnung von 1826. Kurz darauf starb der Komponist in London nach der Uraufführung seiner Oper „Oberon“ an Tuberkulose

Komponist macht sich sofort an die Arbeit, schon im Sommer sind die Stücke fertig. Ein ebenfalls 1811 begonnenes Klarinettenquintett vollendet Weber dagegen erst vier Jahre später.

Mozart betrachtete die Klarinette vor allem als dramatisches Instrument, schätzte ihre theatralische Wirkung. Während im Holzbläsersatz seiner Sinfonien stets die Oboen dominierend bleiben, nutzte er das junge Instrument gern für Spezialeffekte in seinen Opern. Weber dagegen bevorzugt die Klarinette in allen Gattungen. Für seine romantische Klangmalerei setzt er auf Bratschen und Celli, Fagotte, Hörner und eben Klarinetten – auf all jene Instrumente also, die warm und sehnsüchtig, aber auch geheimnisvoll klingen können. In den beiden Solokonzerten darf die Klarinette aber natürlich auch ihr Potenzial als brillantes Virtuoseninstrument zeigen. Dafür sorgte schon Heinrich Joseph Bärmann, der an den Kompositionen als eigennütziger Ratgeber beteiligt war.

Auch in seinen Instrumentalwerken ist Carl Maria von Weber stets ein Mann des Theaters. Er weiß genau, mit welchen Mitteln man die Aufmerksamkeit des Publikums erlangt. Im *Klarinettenkonzert Nr. 1 f-Moll op. 73* schafft er in den ersten Takten mit wispernden Geigen und einer dunkel-lockenden Kontrabasslinie eine Atmosphäre, die sofort fesselt. Nachdem sich das Hauptthema im vollen Orchester entladen hat, sinken die Streicher wieder ins Pianissimo, die Klarinette schleicht sich geradezu herein, stimmt ihre sehnsuchtsvolle Melodie an, wie ein Moritatensänger, der von einer gar erschröcklichen Begebenheit berichtet. Das zweite Thema ist ganz volkstümlich gehalten, der Tanzrhythmus fordert geradezu die „Koloraturen" des Solisten heraus. Immer wieder setzt die Klarinette flüsternd an, steigert sich zu neuer Begeisterung, bis der Satz ganz leise verklingt, fast wie mit einem Fragezeichen versehen.

Der zweite Satz streift alle Regeln der Konvention ab und präsentiert sich als freie Improvisation. Der Solist schwingt sich auf zu einer lyrischen Meditation, als rezitiere er ein Gedicht ohne festes

Versmaß oder einengendes Reimschema. Geradezu prototypisch romantisch wirkt die Passage, in der sich die Klarinette ausschließlich im mittleren und tiefen Register bewegt, begleitet von drei Hörnern, die ihre eigene, geheimnisvolle Melodie singen. Im Finalsatz sind dann alle nächtlichen Schatten gewichen, die Seele zeigt ihre helle Seite, ein starker Puls treibt die Musik voran – und der Solist darf sein ganzes virtuoses Können zeigen.

Das eröffnende *Allegro* des *Klarinettenkonzerts Nr. 2 Es-Dur op. 74* ist durch eine ausgelassene Heiterkeit geprägt, die an Gioacchino Rossini erinnert. Vor allem der charakteristische Viererrhythmus – ein deutlich betonter erster Schlag, auf den drei weich getupfte folgen – schafft ein Gefühl von tänzerischer Leichtigkeit. Äußerst effektvoll ist der „Auftritt" des Solisten, der sein Hauptthema mit einem Sprung durch drei Oktaven beginnt. Der zweite Satz gibt sich noch opernhafter, wenn Weber im Mittelteil plötzlich ein Rezitativ einfügt und die Klarinette nahezu unbegleitet eine imaginäre Szene gestalten lässt, bevor die Streicher wieder ihren atmosphärischen Klangteppich ausrollen, über den der Solist sehnsuchtsvoll singend zum Satzende schreitet. Das Finalrondo ist vielleicht Webers brillantestes Schaustück, ein Parforceritt für den Solisten, der fast ununterbrochen zu spielen hat. Diese Virtuosennummer zündet garantiert – und kommt dabei ohne billige Effekte aus.

Frederik Hanssen

Reportagen, Porträts, Essays und Kritiken

Sabine Meyer, Mozart und die ZEIT – das Beste aus 60 Jahren

DIE ZEIT

1982 hatte Herbert von Karajan seinen Berliner Philharmonikern, durchweg männlich besetzt bis auf eine Geigerin, eine Frau als neue Soloklarinettistin vorgesetzt – Sabine Meyer, 23 Jahre alt. Damit vertiefte sich der Graben zwischen dem Dirigenten und dem Ensemble. Die *ZEIT* sondierte die Lage, ehe Sabine Meyer gegen den Widerstand der Kollegen ihr Probejahr in Berlin antrat, sechs Jahre vor dem Ende der Ära Karajan.

DIE ZEIT 21. Januar 1983, Nr. 4

Die Affäre geht weiter

Das Berliner Philharmonische Orchester und sein Chef (und eine Klarinettistin) | Von Peter Fuhrmann

Der Eklat hat lang gedauert, er war laut, es ging um Biegen oder Brechen. Nun hat den Bruch weder Herbert von Karajan noch das von ihm geleitete Berliner Philharmonische Orchester, auch nicht der Kultursenator Wilhelm Kewenig vermieden oder verhindert, sondern der Intendant der berühmten Institution, Peter Girth – scheinbar. Er hat von einem nach der Verwaltungsordnung ihm vorbehaltenen Recht Gebrauch gemacht und nun mit der Klarinettistin Sabine Meyer aus München einen Vertrag über ein Probejahr abgeschlossen. Es beginnt für die 23-jährige Musikerin, die Herbert von Karajan, nicht aber das Orchester engagieren wollte, am 1. September. Damit hat die Affäre zunächst ein Ende. Es herbeizuführen habe sich der Intendant Girth, wie er bekannt gab, verpflichtet gefühlt, um im Interesse Berlins die Interessen des Orchesters zu wahren, das heißt: Karajan zu behalten.

Wolfgang Stresemann, dem stets Frieden stiftenden früheren Intendanten des Berliner Philharmonischen Orchesters, drängte sich eine meteorologische Metapher auf, als er jene magische Figur, um die sich an der Spree gerade alles zu drehen schien, zu beschreiben versuchte: „Karajan ist wie das Wetter. Beide ein dauerndes Gesprächsthema, ohne dass man an ihnen etwas zu ändern vermag. Beide schwer voraussehbar." Neunzehn Jahre lang hat Stresemann dem wetterwendischen „Chefdirigenten auf Lebenszeit" loyal zur Seite gestanden. Er weiß, wovon er spricht.

Weiß auch Karajan, der sich so in Schweigen hüllt, was er dem nach eigener Darstellung „besten Orchester der Welt" voller Groll und Zorn antat? Und dies nach fast drei Jahrzehnte währender fruchtbarer Zusammenarbeit? Hätte auch er nicht eine Menge zu verlieren, wenn es zwischen ihm und seiner legendären Elitetruppe zur endgültigen Trennung käme? Allzu viel scheint daran nicht zu fehlen. Die Bewunderung für den Dirigenten ist zwar keineswegs erloschen, die Entfremdung zwischen ihm und dem Orchester aber schon so groß geworden, dass die Möglichkeiten zur Entspannung oder gar zur Versöhnung beinahe erschöpft sind.

Selbst ältere Orchestermitglieder, die über die Konfrontation besonders traurig sind, möchten die „viel zu lange mit Schweigen ertragenen Demütigungen durch Karajan" nicht weiter hinnehmen müssen. Der definitive Bruch schwebte ihnen und auch manchen jüngeren Kollegen als beste Lösung vor, weil „menschlich da ohnehin nichts mehr drin ist und die künstlerische Basis immer größeren Schaden nimmt". So habe es beispielsweise kürzlich viele strahlende Gesichter gegeben, als im Orchester verbreitet wurde, Karajan habe im Österreichischen Rundfunk die Erklärung abgegeben, er werde seinen Berliner Vertrag lösen. Es war eine Falschmeldung. Deshalb würde man den Tatsachen gewiss nicht gerecht, zöge man den reichlich bekannt gewordenen Fall der von Karajan so nachdrücklich favorisierten, vom Orchester indes nach zweimaligem Probespiel abgelehnten Klarinettistin Sabine Meyer als einzige Ursache für die philharmonischen Streitigkeiten in Betracht. Und mit dem Indiz der Frauenfeindlichkeit kommt man der Sache ganz und gar nicht mehr auf die Spur.

Ohne es selber ahnen zu können, hat die 23-jährige Musikerin einen Stein ins Rollen gebracht, der verheerende Wirkungen ausübt. Für sie, die keinesfalls gegen den Willen der Philharmoniker aufgenommen werden, aber dennoch für Aushilfen zur Verfügung stehen wollte, wäre die Angelegenheit schnell beigelegt gewesen, zumal da sie fest angestelltes Mitglied im Symphonieorchester des Bayerischen Rundfunks ist. Aber Karajan war zu keinem Kompromiss bereit. Er pochte auf sein Vetorecht, das er sich angeblich ohne Wissen des Orchesters bei der Berufung (1955) vom Senat hatte einräumen lassen. Anders als in einem ähnlichen Fall, als ein von ihm gewünschter Hornist ebenfalls an der demokratischen Abstimmung scheiterte und dann, als ein besserer Musiker (Gerd Seifert) engagiert wurde, auch Einsicht zeigte, war er hier unerbittlich. Er stellte die Vertrauensfrage, der er mit Pressionen Nachdruck verleihen wollte. Er drohte mit Strafen: mit der Suspendierung der Tourneen und Dauergastspiele in Salzburg und Luzern, der Aufzeichnungen von Opern und Konzerten für Fernsehen und Film; der ganze Komplex audiovisueller Produktionen wäre betroffen worden. Schon die Einbuße bei der geplatzten Fernsehaufzeichnung des Silvesterkonzerts war erheblich, sie war überdies von Karajans Drohung begleitet: „So, bis jetzt verlieren Sie 730 000 Mark, bald werden es anderthalb Millionen sein und so weiter."

Jedoch, auch das sich sonst gern auf seine hundertjährigen demokratischen Rechte berufende Orchester muss sich den Vorwurf gefallen lassen, dass es bei den jahrelangen lukrativen Nebeneinkünften, die Karajan ihm generös zuschanzte, in ebendieser Beziehung nicht gerade wählerisch gewesen ist. Unter so heftigem Kassenklingeln ließ es leicht Satzung Satzung sein.

Dennoch will sich das Orchester der Missachtung der lange vor Karajan fixierten demokratischen Gepflogenheiten nicht beugen. Denn schließlich ging es bei der aktuellen Grundsatzfrage um mehr als um die zufällige Laune eines feudalistischen Herrschers, dessen Unart der Alleinbestimmung wie seine Umgangsformen bislang vielfach diskret verborgen gehalten wurden. Das (selten so wie heute geschlossene) Ensemble, das in einer internen Abstimmung die künstlerischen Belange über die materiellen Vorteile gestellt hat, glaubt, von seiner Position kaum noch zurückweichen zu können: „Würde es die gegen unseren Willen zustande kommende Verpflichtung Sabine Meyers hinnehmen, wäre das eine Vergewaltigung. Dann sollte im Interesse des Orchesters eine Feststellungsklage eingebracht werden, damit es weiß, ob einhundert Jahre lang etwas falsch gemacht worden ist oder ob nur dieser Punkt falsch ausgelegt wird. Das demokratische Selbstverständnis, das ist doch wohl der wahre Grand, woran jetzt alles zu scheitern droht."

Diese Gefahr hat der Intendant Girth, der sich seit einiger Zeit der Zuneigung Karajans erfreut, mit seiner autoritären Entscheidung gegen das Orchester, die, selbstverständlich, Karajans Zustimmung hat, mitnichten aus der Welt geschafft, ganz im Gegenteil. Zwar wollte er „die letzte Brücke" zwischen Orchester und Dirigent erhalten, aber er hat ihren Einsturz vorbereitet: Die Musiker sind über seinen Alleingang „empört und bestürzt" und verlangen seine sofortige Abberufung. Gerichtliche Schritte werden erwogen, die Affäre geht weiter.

Aufnahmen mit Sabine Meyer wurden in der *ZEIT* immer wieder besprochen. Eine Auswahl aus fast zwei Jahrzehnten zeichnet vor allem das Profil der Kammermusikerin.

DIE ZEIT 2. März 1984, Nr. 10

Hervorragend

Sie haben alle als Solisten schon genügend Aufmerksamkeit zu verlangen: die Klarinettistin Sabine Meyer (nicht nur wegen der Philharmoniker-Querelen), der Cellist Heinrich Schiff, der Pianist Rudolf Buchbinder. Im vergangenen Sommer stellten sich die drei als Ensemble vor, ihr damaliges Programm ging wenig später in diese Platte ein (Johannes Brahms: „Klarinetten-Trio", Ludwig van Beethoven: „Gassenhauer-Trio"). Die drei entwickeln eine Homogenität, als spielten sie seit Jahren zusammen. Das ist gewiss ihrer modernen Professionalität zu danken. Aber es scheint auch ein glückliches Zusammentreffen dreier verwandter Hör- und Empfindungscharaktere zu sein. Dies scheint mir symptomatisch: Die drei Musiker gehen an beide Werke sowohl mit einer deutlichen Reserve wie mit inniger Verbundenheit, so als wollten sie einem sehr guten Bekannten in bewusster Hochachtung nicht zu vertraut auf die Schulter klopfen. Was dann doch an Emotionen und klanglicher Vollkommenheit sich ereignet, was die Tontechnik auch an Feinheiten mitbekam, etwa die ganz weichen Legati der Klarinette, in denen man die Klappenbewegungen beinahe „sieht", und wie auch das Salonhafte getroffen wird: Das dokumentiert technische Bravour und musikalische Reife, die weit mehr als nur jenes Vergnügen erzeugen, zu dem die Stücke doch vornehmlich einmal komponiert wurden.

DIE ZEIT 3. Februar 1989, Nr. 6

Sie singt

Keine Frage: Die in ihrer eminenten Frühbegabung und Schnellkarriere der Geigerin Anne-Sophie Mutter vergleichbare junge Klarinettistin Sabine Meyer gehört zu den größten Interpretinnen unserer Zeit – wie damals der mit Mozart befreundete Anton Stadler, dem er mit dem Klarinettenquintett ein Meisterwerk der Gattung dedizierte. Über die neu gewonnenen technischen Fertigkeiten hinaus besticht bei Sabine Meyer der mit allem nur denkbaren musikalischen Raffinement ausgestattete Klangduktus. Sie „singt" auf ihrem Instrument, im gewichtigen *Larghetto* beispielsweise, als würde dies nicht geblasen, sondern von, sagen wir, Elisabeth Schwarzkopf in deren besten Zeiten vorgetragen. Wie sie Atembögen gestaltet, wie sie in der Durchführung des ersten Satzes das Thema ausarbeitet, wie sie stilistische Feinheiten hervorhebt: eine Musikerin ersten Ranges (…)

Peter Fuhrmann

(Ursprünglich erschienen ohne Überschrift in der Rubrik „Schallplatte")

Originell

Kaum zu glauben, dass Darwins epochale Selektionstheorie *(struggle for life)* selbst auf einen instrumentalen Sonderling Anwendung finden könnte: Mit dem Aufkommen der Bassklarinette hatte das Bassetthorn nach nur kurzer Lebenszeit nahezu ausgedient. Es wurde vom Stärkeren verdrängt. Bis auf wenige Ausnahmen (Straussens *Elektra)* ist es seit Mendelssohn Bartholdy aus der Orchesterliteratur verschwunden. Selbst Originalkompositionen wie die vorliegenden *Divertimenti für 3 Bassetthörner* von Mozart sind der Fachwelt allenthalben in der Besetzung für Klarinetten und Fagott bekannt. Dabei war das Bassetthorn, eine Altklarinette in F (Es), die 1770 in Passau erfunden und wenig später von den berühmten Wiener Virtuosen Anton und Johann Stadler durch Hinzufügen zweier weiterer Klappen in der Ansprechbarkeit wie im Tonumfang verbessert wurde, ein Lieblingsinstrument Mozarts. Seine traurig-düstere Klanggrundierung, sein langatmiges, weiches Timbre, das in langsamen Sätzen optimal zur Wirkung kommt, schien es ihm seit der Bühnenmusik zu *Thamos* (1779) ganz besonders angetan zu haben. Im *Requiem* schließlich ist diese Klangfarbe unübertroffen. Dass die Karajan-Favoritin Sabine Meyer mit ihrem Bruder Wolfgang Meyer und Reiner Wehle, dem Soloklarinettisten des Rundfunkorchesters Hannover, diese Originalkompositionen Mozarts zum Anlass nahm, sich zur Kammermusikvereinigung zusammenzuschließen, dem Trio di Clarone, lässt hoffen, dass (auf so hohem spielerischem Niveau) auch noch anderes seiner ursprünglichen Schönheit zurückgegeben wird.

 Peter Fuhrmann

DIE ZEIT 10. Oktober 2002, Nr. 42

Leckerli

Zum Glück sind Komponisten auch nur Menschen, die nicht von Musenküssen allein leben, sondern Kalorien umsetzen wie du und ich. Felix Mendelssohn Bartholdy zum Beispiel liebte Reispudding, eine Schwäche, der wir ein paar Leckerli der Kammermusik für Klarinette verdanken. 1830 lernte er den Klarinettenvirtuosen Heinrich Bärmann (1784 bis 1847) und dessen Sohn, den Bassetthornisten Carl, kennen. Man mochte sich, Musik und gutes Essen und ging einen Handel ein: Während Vater und Sohn kochen, wird Felix im Nebenzimmer zum Lohn „die Töne umrühren und kneten, salzen, pfeffern, zuckern, eine pikante Sauce dazu machen, und das ganze in einem tüchtigen Feuer kochen". Am Abend wurde aufgetischt: „Die Schlacht bei Prag! Ein großes Duett für Dampfnudel oder Rahmstrudel, Klarinette und Bassethorn componiert und demüthig decidirt Baermann sen. und Baermann jun. von Ihrem ganz ergebenen Felix Mendelssohn Bartholdy." Ein Amuse-Gueule in drei kleinen Sätzen, effektvoll mit einem Hauch russischer Würze, aber ohne schwer im Magen zu liegen. Der wundersame Sound des Bassetthorns klingt, als sei noch der Deckel auf dem Topf, während die liebliche Klarinettensoße leichthin über den Teller fließt. Als *Konzertstück für Klarinette, Bassetthorn und Orchester Nr. l f-Moll op. 113* ist der feine Imbiss in die Musikgeschichte eingegangen, ihm folgte wenig später ein Nachschlag mit den gleichen Zutaten, *op. 114 in d-Moll.* Die beiden Stücke bilden den Hauptgang der neuen CD der Klarinettistin Sabine Meyer, die als konventionelle Vorspeise das ebenfalls Bärmann gewidmete *Quintett B-Dur* von Carl Maria von Weber serviert, als Dessert ein Werk des Koch- und Klarinettenvirtuosen selbst. Zusammen mit der Academy of St. Martin in the Fields unter Kenneth Sillito als Oberkellner lädt Meyer an eine festlich geschmückte Tafel, der Ton so makellos wie ein gestärktes Damasttischtuch, das Schaulaufen durch die Oktaven so leicht wie eine gut gegangene Dampfnudel. Ein Aperitif wird nicht gereicht, weshalb man am Ende all des kerzengoldüberglänzten Schwellens, Hauchens, Jauchzens mit einem leichten Völlegefühl, angenehm ermattet, zurücksinkt.

Christof Siemes

Eine halbe Million Mark ließ sich Hamburg im Herbst 1986 ein Festival der Frauen kosten, bei dem weibliche Kulturprominenz von Hannelore Hoger bis Sabine Meyer „ein neues Selbstbewusstsein“ stärken sollte. Wobei sich manche Künstlerinnen, wie die *ZEIT* feststellte, als Feministinnen missverstanden fühlten.

DIE ZEIT 12. September 1986, Nr. 38

Jeder ist eine Frau

Weibliche Ästhetik, Frauenkultur - was ist das? Das Festival in Hamburg | Von Susanne Mayer

„Ich habe lange gezögert, über die Frau zu schreiben. Das Thema ist ärgerlich, besonders für die Frauen; außerdem ist es nicht neu. Im Streit um den Feminismus ist viel Tinte geflossen, zur Zeit ist er fast beendet, reden wir nicht mehr davon.“

Reden wir nicht mehr davon! Ein Traum, nicht mehr davon reden zu müssen. Simone de Beauvoir hat vor etwa vierzig Jahren die obigen Zeilen geschrieben und – „man redet doch davon“ – hat ihnen dann 688 Seiten hinzugefügt über das andere Geschlecht, ein dickes Buch, die Bibel der Frauenemanzipation. Meine Mutter hat es mir geliehen. Zehn Jahre ist das her. Zehn Jahre Frauenliteratur, Frauenstudium, Frauen für den Frieden und Frauen im Alter, Frauen mit eigenem Bauch und Frauen ohne Anstellung, Frauen, Frauen, Frauen, wie ist das Thema noch immer unerledigt, ärgerlich nicht nur, schmerzlich. Besonders in diesem Jahr.

Die Frau singt und lacht. In Stuttgart, in München, in Heidelberg, demnächst auch in Unna und Kassel, in diesen Tagen aber vor allem in Hamburg. Frauen machen Kultur, Frauen machen Frauenkultur, bitte herschaun, eins zwei drei, sie musiziert und mimt und singt und tanzt. Aber liebste, beste Nora, sagt Torwald, du tanzt ja, als ginge es um Leben und Tod. Ja, geht es denn nicht um Leben und Tod? Wie könnte die Frau wirklich leben in einer Welt, an deren Gestaltung sie nicht teilhat? „Das weibliche Denken ist immer verborgen geblieben, während das männliche Denken die Erscheinungen der Weh in all ihren Formen geprägt hat. Es ist in die Dinge, die Formen, die Kunst, das Denken, in die verschiedenen gesellschaftlichen Systeme eingeschrieben mit der unermüdlichen Beharrlichkeit eines Kindes, das sich der Zustimmung der Mutter sicher ist.“ (Claudine Herrmann). Und Kinder sind auch grausam.

„Die Literatur der Deutschen als ein Schlachtfeld – auch das wäre eine Weise, sie zu betrachten“, schreibt Christa Wolf in ihrem Buch über die Schriftstellerin Günderode, die sich einen Dolch ins Herz stieß. Wie dicht ist das Schweigen, den Frauen aufgezwungen mit aller Gewalt, das die Tradition unserer Männerliteratur umgibt? In der klassischen Musik hauptsächlich Töne, erdacht von Männern, gespielt von Männerorchestern, dirigiert von Männern, zum Ruhme von Männern in der Kirche, bei Hofe, auf der Opern- und Konzertbühne männlich-bürgerlicher Macht. In der Malerei statt Bildern von Frauen Männerfantasien über sie.

„Die freie Frau wird eben erst geboren“, schreibt die Beauvoir in ihrem Buch. Und plötzlich will es scheinen, als sei sie da. Eine? Viele! Ist das kein Grund zur Freude? Mein Gott, diese Namen! Wie eine Bestenliste des Entertainments liest sich das Programm des Hamburger Festivals der Frauen: Teresa Berganza steht da, Christa Ludwig, Hanna Schwarz, Elisabeth Schwarzkopf. Die Schriftstellerinnen Marguerite Duras, Christa Wolf, Christine Brückner, Irmtraut Morgner. Die Volkssängerinnen Maria Farantouri und Mercedes Sosa. Die Schauspielerinnen Eva Mattes, Therese Affolter, Hannelore Hoger.

Was ist Frauenkultur? Eva Mattes, Ingrid Andree, Barbara Sukowa, Irmgard Schleier und Angela Winkler (hinten) suchen nach Antworten

Die Komponistin Giovanna Marini, die Dirigentin Sylvia Caduff, die Klarinettistin Sabine Meyer. Jazz-Star Carla Bley. Regisseurin Iris Gusner. Wer könnte die Namen alle nennen. „Frauen in ihrer Stärke“ hat die Festival-Leiterin Irmgard Schleier versprochen und „ein neues Selbstbewusstsein“. Haben wir uns das nicht immer schon gewünscht?

Schöne Frauen, frohlockte Schauspielintendant Peter Zadek, sehe er auf der Bühne immer gern. Schöne Frauen, muss sich Bürgermeister Dohnanyi, klarsichtiger Wahlkämpfer, gesagt haben, schöne Frauen sind einer Stadt die schönste Zier. So griff er in den Standorttopf, der zur Pflege der Hansestadt dient, und vergab eine halbe Million und acht Stellen als Arbeitsbeschaffungsmaßnahme. Und es gab Raum, unglaublich viel Raum. Vorbei die Zeiten, da Virginia Woolf vorsichtig ein eigenes Zimmer für jede Künstlerin gefordert hatte. In Hamburg hatten die Frauen die Stadt, den Platz vor dem Rathaus, den Kaisersaal drinnen, zwei Theaterhäuser, zwei Musikhallen, alles ausverkauft, selbst die Fischhalle unten beim Hafen, jenen wundervollen Palast aus geschwungenem Stahl, Relikt aus jener Zeit, in der die Frauen das Fischbein im Korsett trugen. Langsam, wie erstaunt, schoben sich die Schiffe vorbei. Die Halle war voll. Die halbe Stadt schien da.

Das Frauenfest war ein Volksfest, jedermann, so schien es, war plötzlich eine Frau, selbst jener, der da auf der Bühne stand und sang: „Und wird sie feucht und feuchter, so fällt das Ja ihr leichter." Ulrich Tukur, der Vielgerühmte. Gleißendes Dinnerjacket, Haarsträhne im Gesicht. Eine Verstärkung des Frauenfestivals, eine Abrundung sozusagen, manche mochten gedacht haben, ein kleiner Leckerbissen. Was aber lehrt uns solch ein Festival der Frauen? Erstens: Die Frau ist verführbar. (Aber hatten wir das denn nicht längst geahnt?) Zweitens: Anerkannte Frauen sind anerkannt. (Auch das wäre zu ahnen gewesen.) Sie finden ihre Zuhörer nicht, weil sie Frauen sind, sondern weil sie Stars sind. Die Konzerte in Hamburg waren allesamt wundervoll, auch wenn der Konzertkritiker anmerken möchte, dass die eine Stimme hier ein wenig zu rau war oder die göttliche Carla dort ein wenig zu routiniert. Weibliche Stars aber hat es schon immer gegeben, was die Frauen wollen, sind nicht nur Stars, sondern mehr Frauen, die den Kulturbetrieb mitgestalten können. Und damit sind nicht Frauenfestivals gemeint. Drittens: Anerkannte Frauen wollen nicht unbedingt als Frauen angesprochen werden.

„Auf solche Fragen antworte ich erst gar nicht", sagte Carla Bley. „Aber warum kann das denn nicht ganz normal sein, wenn Frauen spielen", sagt Sabine Meyer. „Mit Feminismus hat das hier ja nichts zu tun", sagte Elisabeth Schwarzkopf. Tosender Beifall. Gabriele Schnaut singt Wagner. Tristan liebt Isolde. Vor der Tür des Konzertsaals ein Stand von jungen Komponistinnen. Ausgesperrt. Ach ja, und der Erlös geht an eine Musikschule für kleine Negerkinder in Südafrika. Als ob schwarze Schüler dort keine anderen Sorgen hätten. Auch Frauenkultur lässt sich konsumieren, im großen Stil, das ist jetzt bewiesen. Ein wenig Folklore am lauen Sommerabend, open air. Arien zum Wochenausklang, da darf es auch, neben Robert Schumann, mal ein Liedchen von Clara sein. Das Herzensblut der Günderode, ein Aperitif am Sonntagmorgen. So leicht geht das, frauenbewegt zu sein. Zwei, drei Namen – schon sind alle einer Meinung: Für die Frau? Na prima! Dieses Wir-Gefühl, ist es nicht wunderbar, und haben wir uns nicht auch mal angelächelt, wir Frauen, einfach so. Wir sind ja schließlich auch für den Frieden, wer ist nicht gegen Hunger? Ein Festival und schon das nächste. Morgen geht's um Iberoamerikaner. Und Grüße auch an Winnie Mandela. Es kostet schließlich nichts. Es geht ja schließlich nicht um Feminismus.

Feminismus, definiert Marielouise Janssen-Jurreit, ist der Kampf gegen „Ausbeutung, Verstümmlung, Vernichtung, Beherrschung, Verfolgung von Frauen". Gegen ihre Unterbezahlung, Arbeitslosigkeit, Einstellungs- und Beförderungsdiskriminierung, gegen ihren Ausschluss von der Kultur. Wie viele Frauen sind während der Festival-Wochen von ihren Männern geschlagen, erschlagen, ihrer Kinder beraubt worden? Arbeitnehmerinnen erhalten noch immer deutlich weniger Lohn als ihre männlichen Kollegen. Von Arbeitslosigkeit sind sie am stärksten bedroht. Ungeniert feierte das *Hamburger Abendblatt* am vergangenen Wochenende die „großen Männer der Musik". Die Diskriminierung ist die Struktur der Gesellschaft, nicht nur die des Kulturbetriebs. Da hilft es nicht, zu zeigen, dass wir doch singen und spielen und tanzen können. Wer kann die Frauen zählen, die sich im Kampf gegen Diskriminierung engagieren. Frauen, alleine für sich. Fraueninitiativen, autonom und alternativ. Frauenprojekte in der Wissenschaft. Doch typisch ist die Sprachlosigkeit zwischen ihnen. Sie haben miteinander nichts zu tun. In Hamburg haben Frauengruppen das Festival mit Flugblättern bekämpft und darauf hingewiesen, dass die Subventionen für die anderen Frauenprojekte der Stadt um 20 000 Mark gekürzt worden sind. Zu Diskussionen kam es nicht.

Die Theorien einer weiblichen Ästhetik sind in der Obskurität verschwunden. Wer liest schon Helene Cixous, wer versteht schon Luce Irigaray? „Die Frau muß ihren Körper schreiben, ihre uneinnehmbare

Sprache erfinden, die die trennenden Wände, Klassen, Rhetoriken, Verordnungen und Gesetze zerbricht." (Helene Cixous). Auf welche Weise sind solche Positionen in eine Beziehung zur tatsächlichen Kunst von Frauen zu setzen?

Wir können nur darüber spekulieren, ob in den Tanztheatern der Pina Bausch, die übrigens nicht eingeladen war, der Mut zur Verletzbarkeit eine weibliche Annäherung an das Thema ist. Die Ironie der Carla Bley eine Opposition gegen patriarchalische Kultur? Hat die Frau, wie die Dirigentin Sylvia Caduff vermutet, einen spezifischen Zugang zur Musikalität, einen besonderen Bogen der Annäherung, einen weiblichen Ton? Ist die Frau, wie die DDR-Regisseurin Iris Gusner argumentiert, in einer besonderen Weise fähig, die Beziehungen zwischen Menschen in der Kunst darzulegen? Gibt es tatsächlich eine weibliche Realität, die die Welt, künstlerisch, politisch, verändern könnte? In Hamburg sind solche Gespräche nur in den Pressekonferenzen angeschnitten worden, allein Iris Gusner hatte sich die Zeit genommen, an zwei Tagen mit den Zuschauern ihre Filme zu erörtern, in denen sie den Alltag der Frauen in ihrem Land zeigt. Ansonsten blieb dem Publikum nur das Applaudieren. Und so konnte es denn passieren, dass die Komponistin Giovanna Marini die Ovationen ihrer Hörerinnen für ein Missverständnis hielt. „Die denken", sagt Giovanna Marini im Gespräch, „dass ich und meine Sängerinnen Feministinnen sind und politische Figuren. Auch denken sie, dass unsere Lieder so etwas wie die Stimme der Erde verkörpern. Nichts von alledem ist richtig." Giovanna Marini, die sich enttäuscht aus der linken Politik zurückgezogen hat, führt in ihren Kompositionen Elemente aus den Volksliedern, die Stimme der Oper, die eigenen Noten zu einer musikalischen Utopie von der Versöhnung der Klassen und Geschlechter. Eine ironische Utopie. Und nicht auch, Signora Marini, eine feministische?

Eine Biennale der Frauenkultur wünschten sich die Organisatorinnen des Hamburger Frauenfestivals. Nur was ist Frauenkultur? Darüber muss noch viel geredet werden. Ärgerlich. Gut so.

In einer Artikelserie befasste sich die *ZEIT* 1988 mit der „Familie als Auslaufmodell". Zum Auftakt beantworteten Prominente wie Hiltrud Schröder, Johannes Grützke und Wolfgang Joop die Frage „Was bedeutet Ihnen Ihre Familie?". Auch Sabine Meyer gab Auskunft.

DIE ZEIT 25. März 1994, Nr. 13

Es ist für mich, soweit ich mich zurückerinnern kann, immer selbstverständlich gewesen, dass es für mein Leben Ziel und Aufgabe sein würde, Familie und Beruf harmonisch zu verbinden. Einerseits ist der Beruf des Musikers so sehr von innerer Beteiligung geprägt, dass man ihn beinahe als notwendigen Bestandteil meines Lebens ansehen muss. Die Vorstellung, ich solle auf diesen Teil des Lebens verzichten, erscheint mir deshalb nahezu absurd. Andererseits war für mich auch immer klar, dass sich dieser „berufliche" Teil des Lebens nur abspielen kann auf einer „normalen" Basis mit einer intensiven partnerschaftlichen Beziehung, mit Kindern, mit Freunden. Meine Kinder sind fünf und sieben Jahre alt. Selbstverständlich stellt gerade eine Familie mit kleinen Kindern für jeden Menschen – also auch für mich – eine große Aufgabe dar, verbunden mit großer Verantwortung. In Verbindung mit meinem nervenaufreibenden Beruf scheint der Kraftaufwand manchmal auch fast übergroß. Auf der anderen Seite ist aber die Familie der ruhende Pol in meinem hektischen Leben, sie stiftet mir den Sinn, und sie setzt all mein Tun, gerade auch das künstlerische, in die richtige Relation. Was ist schon Mozarts Klarinettenkonzert gegen die Krankheit eines kleinen Kindes? Die Familie hat die Quantität meines beruflichen Wirkens stark reduziert, aber die Qualität erheblich gesteigert.

Wolfgang Amadeus Mozart hat zwei runde Geburtstage in der *ZEIT* gefeiert: 1956 und 2006 wurde er mit großen Essays gewürdigt. Wer sie nebeneinander liest, erlebt die Distanz von 50 Jahren auf stilistischer wie rezeptionsästhetischer Ebene, kann aber auch Berührungspunkte entdecken. Zum 200. Geburtstag schrieb Walter Abendroth (1895 bis 1973), damals Feuilletonchef der *ZEIT* und nebenher Komponist von fünf Sinfonien; zum 250. Geburtstag schrieb Claus Spahn (Jahrgang 1961), Musikredakteur der *ZEIT*.

DIE ZEIT 26. Januar 1956, Nr. 4

Der reine Spiegel der Menschlichkeit

Zu Mozarts 200. Geburtstag am 27. Januar
Von Walter Abendroth

Wenige Namen der gesamten Kunstgeschichte haben eine solche Strahlungskraft wie der Name Mozart. Aber mit den wenigen Namen von gleichem Glanz teilt er die Eigenschaft: Es ist ein Name, vor dem sich alle beugen, selbst die eigentlich an seiner Kunst Uninteressierten; und sein Träger ist ein Meister, der viel weniger wirklich gekannt und geliebt ist als genannt, selbst von den so genannten „Musikfreunden". Gewiss, er hat eine Gemeinde, die sich von Generation zu Generation immer wieder ergänzt. Allein das große Publikum bringt zweifellos mehr Respekt als Leidenschaft für ihn auf, und – wenn man nach den üblichen Konzertprogrammen urteilen darf – auch die Leute „vom Bau" scheinen mit einem bescheidenen Segment aus seinem Schaffen völlig ausreichend versorgt zu sein, ohne dringendes Bedürfnis, sich auch einmal die Fülle der unbeachteten und praktisch ungehobenen Schätze seines unermesslich reichen Schaffens näher anzusehen. Die Mozart-Werke, die jahraus, jahrein dargeboten werden und die für die überwiegende Zahl aller Musikhörer (und Musikinterpreten) den Begriff „Mozart" vollständig ausfüllen, sind so wenig und so allgemein geläufig, dass sie hier nicht aufgezählt zu werden brauchen; und die ständig unbeachtet bleibenden, die nie genutzten, sind so viele, dass sie nicht aufgezählt werden können. Insofern müsste man beinahe sagen, dass sich dieses beispiellos fruchtbare Künstlerleben umsonst so schnell in unablässigem Arbeitsfieber verbrannt und verzehrt habe. Wenn nicht für die ganz großen Erscheinungen des Geisteslebens andere Gesetze gelten, nach denen es darauf ankommt, dass sie überhaupt einmal da gewesen sind und dass sie sich verschwendet haben – nicht darauf, dass der von ihnen verschenkte Reichtum auch Stück für Stück aufgelesen und ausgewertet wird.

Mozarts historische Bedeutung ist oft genug gewürdigt worden, ohne dass sie jemals erschöpfend interpretiert werden könnte. Noch schwerer jedoch ist seine „An sich"-Bedeutung zu ermessen oder gar zu beschreiben; was er „bedeutet", was seine Gestalt ausspricht, abgesehen von allen zeitlichen und geschichtlichen Relationen, einfach als „Ereignis", als ein nicht bedingtes und nicht wiederholbares. Die meisten Versuche einer derartigen Ausdeutung verrieten viel weniger über das Wesen Mozarts als über die Ästhetik, die Musikauffassung, den Geist oder Ungeist der jeweiligen Zeit. Und jede Zeit war des Glaubens, den „richtigen" Mozart zu haben, ihm den ihm gebührenden Standort angewiesen zu haben.

Die bemerkenswerteste Fehlleistung dieser Art kam auf das Konto der Romantik; und zwar nicht so sehr der literarischen (die noch etwas von Mozarts Dämonie wusste) wie der musikalischen, deren

Ästhetik eine ähnliche Verniedlichung des Mozart-Bildes zuwege gebracht hat, wie sie sich auch das Charakterbild Haydns gefallen lassen musste. Zwar nicht ganz so gemütlich-spießbürgerlich wie die gönnerhafte Titulatur „Papa Haydn", aber immerhin auch wie nicht eben mit vollem Gewicht ausgewogen mutet uns der „Licht- und Liebesgenius" an, den Wagner entdeckte und der den ganzen Mozart ausmachen sollte. Indessen, wenn diese Kennzeichnung auch mehr als erlaubt ist, einen Teil für das Ganze nahm, so hatte sie noch ein Plus für sich gegenüber dem gleichzeitigen Usus, der bereits eine Klischeevorstellung des leichten, flüssigen, dahinplätschernden und -sprudelnden Mozart pflegte, der für ein vermeintlich klassisches Nichts-als-Form-Ideal einstehen sollte.

Diejenigen Romantiker wiederum, die sich dem Zuge der Zeit zum Massenhaften, Pompösen und Hochtrabenden entzogen, liebten es, neben den noch nahezu gefürchteten Dämonenbeschwörer Beethoven den gebändigteren Mozart als Stimme des fühlenden Herzens zu stellen, dessen Sprache ihnen „menschlicher", vertrauter, vertraulicher, zutraulicher vorkommen wollte. Von hier nahm die Sentimentalisierung Mozarts ihren Anfang, die bis an die Schwelle unserer Gegenwart in Theorie und Aufführungspraxis das Feld beherrschte. Wir Heutigen sollten jedoch nicht glauben, etwas Neues erfunden zu haben, wenn wir es richtig und berechtigt fanden, den sentimentalen, gefühlsbetonten, himmelnden Mozart zu ersetzen durch einen „sachlichen", trocken abschnurrenden, motorischen oder eleganten; denn das ist die genaue Reprise jenes formalistisch und mechanistisch missbrauchten Mozart, der – mit Recht – schon Wagners Abscheu erregte und ihn zu seiner besseren, wenngleich keineswegs zulänglichen Deutung inspirierte.

Kulturglanz in Salzburg 1956: In diesem Jahr wurde Herbert von Karajan künstlerischer Leiter der Festspiele

Die beiden Pole der sentimentalen und der sachlichen Auslegung werden dem Phänomen Mozart nicht gerecht. Mozart ist ein künstlerischer Kosmos, und jedes So-oder-so reicht nicht weiter als an seine Peripherie. Es ist seltsam, in welchem Grade bislang alle wechselnden Epochen sich seiner Zitation bedient haben, immer nur zu dem egoistischen Zweck der Selbstrechtfertigung, selten oder nie in der Gesinnung ernster Hingabe an die „Verkündigung", die vielleicht von seiner Erscheinung ausgehen könnte. Auch wenn sich unsere eigene heutige Gegenwart besonders eifrig, fast provokatorisch so gebärdet, als habe sie zum ersten Mal nun wirklich Mozart auf den Platz gesetzt, der ihm zukommt, wenn sie so tut, als sei er, den man nunmehr (wieder einmal) überlaut als das Vorbild aller Vorbilder preist, das legitime Vorbild auch des musikalischen Schaffens unserer Zeit, so hat das einen verdächtigen Beigeschmack. Es wird nämlich dabei Versteck gespielt mit Begriffen, die hier oder dort durchaus verschiedene Münzwerte haben. So berufen wir uns – zum Beispiel – darauf, dass Mozart die Verkörperung des vollkommenen Formgedankens sei und eben in diesem Punkt die ideale Entsprechung der Kunstgesinnung unserer Tage.

Wie überzeugend klingt das, und wie falsch (um nicht zu sagen: gefälscht) ist es. Denn freilich ist Mozarts Musik Klang gewordenes Formereignis reinster Kultur; freilich ist sie das vielleicht uneingeschränkteste Beispiel für Identität von Inhalt und Form. Aber der „Inhalt", das „Erlebte" gehört zu dieser Identifikation. Mozarts Form ist – im schreienden Gegensatz zu heutigen Tendenzen – kein *abstractum,* sondern ein *humanum!* Mozarts Form ist in jedem Augenblick beseelt und durchgeistigt! In keinem Fall ein mathematisches Kolleg. Ähnlich verhält es sich mit anderen Argumenten für eine Konstruktion moderner Mozart-Nähe. Ob sich gewisse, zuckersüße Opernlyrik auf Mozart beruft, ob man in Mozarts Dramatik modernste tiefenpsychologische Finessen entdeckt und bewundert, ob man nachweist, wie gegenwartsnah (von uns aus gesehen) seine kühne Chromatik schon war, ob es uns stolz macht, im *Don Giovanni* eine veritable Zwölftonbildung aufzuspüren – das alles reicht nicht aus, um die Behauptung zu begründen, Mozart schlechthin sei der legitime Genius unserer Zeit, oder vielmehr umgekehrt, unser künstlerisches Zeitalter sei der legitime Erbe Mozarts.

Ist es so schwer zu erkennen, worin der wesentliche, der fundamentale, das ganze wechselseitige Verhältnis entscheidende Unterschied liegt? Eventuell würde es schon genügen, zu sagen: darin, dass sich bei Mozart keine der genannten technischen oder geistigen Eigenschaften selbstständig machen und eine absichtsvolle „neue Richtung" begründen durfte, sondern jede ein dem Laien kaum merkbar werdender Bestandteil seines Schaffens war. Darin, dass Mozart mit diesen Faktoren allein eben den Missbrauch nicht trieb, der später die diversen entsprechenden Modestile zeitigte nach der ebenso dem technischen Zeitalter gemäßen wie dem Geiste der Kunst ungemäßen Forderung der „Konsequenz". Darin, dass bei ihm über allen Mitteln immer selbstverständlich die autonome Inhalt-Form-Identität als oberstes künstlerisches Gesetz stand, das den einzelnen an dem Gesamtwerk mitwirkenden Kräften ihr unbeugsames Maß diktierte. Und hier sind wir bei dem Kardinalpunkt angelangt, dem Punkt, an welchem sich Mozarts Welt und unsere heutige Welt unversöhnlich scheiden. Wer will bestreiten, dass der Trieb ins Maßlose der hervorstechendste Charakterzug unseres Jahrhunderts sei? Vor diesem überstarken Trieb flieht der moderne Mensch in den Kult des extremen Gegensatzes: in die Mozart-Verehrung (eine andere Art der Flucht ist der Wille zur Organisation, zur gewaltsamen, uniformierten Maßsetzung).

Das ist es: Mozart war die wunderbarste Verkörperung des Maßes, die es im Reiche der abendländischen Musik jemals gegeben hat. Und da die Musik als Kunst – als in einem ganz speziellen, wesentlichen Sinne stilisierende Kunst – „die" Kunst des Maßes, Kunst der Wohlbemessenheit ist, so darf uns Mozart als die inkarnierte Seele der Musik gelten, nicht weniger. Daher war auch das „Maß" bei ihm kein bloßes Zufalls- oder Glücksprodukt der Eingebung. Es war Ergebnis seines tieferen Wissens und seines bewussten Wollens. Wir können das beweisen, weil er es selbst mit aller wünschenswerten Deutlichkeit bekannt hat, dass „die Leidenschaften, heftig oder nicht, niemals bis zum Ekel ausgedrückt sein müssen, und die Musik auch in der schaudervollsten Lage das Ohr niemals beleidigen, sondern doch dabei vergnügen, folglich allezeit Musik bleiben muß".

Was hier mit Bezug auf dramatische, außermusikalische Musizieranlässe gesagt ist, galt dem Meister, wie sein Lebenswerk beweist, auch für den Einsatz der Ausdrucks- und Gestaltungsmittel in der Musik überhaupt. Und pflegt man heute, mit lächelndem Hinweis auf historische Vorgänge, die Wandelbarkeit und daher Irrealität von Postulaten wie „Musik muss Musik bleiben" oder „Musik darf niemals das Ohr beleidigen" festzunageln, so gibt es eben doch eine gültig bleibende Wertvorstellung, die nicht aus der Ästhetik hinausdisputiert werden sollte: das Maß, für das uns Mozart ein nie veraltendes Zeichen gegeben hat. Allein auch dieses Maß möge man nicht missverstehen als etwas, was mit der Elle nachgewiesen werden könnte, was ein Resultat bloßer Berechnung sein dürfte. Auch das Maß, wie es Mozart in seiner Kunst verwirklicht hat, ist kein *technicum,* sondern ein *humanum.*

Immer kommt man am Ende darauf zurück, dass die Kunst der Spiegel des Menschlichen ist, wenn man Mozart bedenkt. Diese Einsicht könnte uns, aus Anlass der Zweijahrhundertfeier, von Nutzen sein!

DIE ZEIT 5. Januar 2006, Nr. 2

Ein Mann wie Schiesspulver

Vorsichtig auspacken! Bis heute wirbelt das Genie unsere musikalischen Begriffe durcheinander
Von Claus Spahn

Jeder kennt das berühmte Bild, auf dem Mozart einen roten Rock mit goldener Bordüre trägt und sich mit einem merkwürdig leeren Blick dem Betrachter zuwendet. Das Porträt prangt auf jedem zweiten Mozart-Buchtitel und ziert nahezu jeden Mozart-Prospekt. Immer wieder wird es gedruckt, weil es als Mozart-Logo so gut funktioniert. Ein flüchtiger Blick genügt: Es ist Mozart. Aber ist er es wirklich? Die Urheberin des Bildes, Barbara Krafft, hat Mozart nie gesehen. Er war schon 28 Jahre tot, als sie das Porträt nach einem anderen Gemälde anfertigte. Ihre Vorlage war Johann Nepomuk Della Croces Bild der Familie Mozart von 1780, auf dem die Hauptperson nicht besonders gut getroffen ist. Der Mozart, den jeder sofort als Mozart erkennt, ist also nur das unbefriedigende Abbild von einem unbefriedigenden Abbild.

Geht es uns nicht ständig so, wenn wir diesen rätselhaften Menschen, dessen Geburtstag sich am 27. Januar zum 250. Mal jährt, in den Blick nehmen wollen? Man trifft auf verzerrte Ausschnitte, Übermalungen, Mehrfachbelichtungen. Man verläuft sich unweigerlich im Spiegelkabinett der Mozart-Imaginationen: Mozart ist ein Einfach-Schwieriger. Ist ein Kind-Gott-Engel-Mensch. Ist ein Witz-Ernst-Nacht-Sonnen-Künstler. Ist ein Bewahrer-Vollender-

Erneuerer. Ist ein Salzburger-Wiener-Deutscher-Europäer. Aber auch eine solche alle Widersprüche integrierende Vorstellung von Mozart als einer sich kompliziert aufsplitternden Künstlerfigur erzählt mehr über den Betrachter und dessen Zeit als über den Betrachteten. Sie wird ihm genauso wenig gerecht wie alle anderen. Mozart war kein dialektisch in sich selbst verknoteter Eierkopf. Seine künstlerischen Absichten hat er mit großer Geradlinigkeit verfolgt, und seine Musik ist von bestechender Klarheit. Wie man es auch dreht und wendet, das Dilemma bleibt bei allen Zuschreibungen gleich: »Gemeint und geschissen ist zweyerlei« (Mozart).

Wir tragen so viele Mozart-Bilder mit uns herum, weil so viel aus seinem Leben bekannt ist. Es gibt kaum einen anderen Komponisten, von dem so umfangreiche biografische Zeugnisse aus erster Hand existieren. Sie sind voll von wunderbar sprechenden Details: Wir lesen in den Dokumenten, dass Mozart als Knirps mit Kreide Zahlen auf Tische, Sessel, Wände und Fußböden geschrieben hat, weil er unbedingt das Rechnen lernen wollte. Dass er ein notorischer Unruhegeist war, der seine Hände nie ruhig halten konnte und immer auf irgendetwas herumtrommeln musste. Dass er sich für einen Faschingsball als indischer Philosoph verkleidet und in dieser Kostümierung Pamphlete gegen die Aristokratie verteilt hat. Dass er in den letzten fünf Lebensjahren ein eigenes Pferd besaß und jeden Morgen ausritt. Dass er auf dem Sterbebett kurz vor seinem Tod mit dem Mund die Pauken in seinem *Requiem* habe ausdrücken wollen.

In seinen Briefen erscheint er als anarchischer Zotenreißer („… ich lass bei meiner Ehr einen krachen! doch sie lachen – – victoria! – – unsre arsch sollen die friedenszeichen seyn!") und als ein vom Schicksal schwer Geschlagener („Trauern Sie mit mir mein Freund! Dies war der traurigste Tag in meinem Leben. Dies schreibe ich um 2 Uhr nachts. Ich muss es Ihnen doch sagen, meine Mutter, meine liebe Mutter, ist nicht mehr!"). Er trumpft auf mit dem Selbstbewusstsein des Genies („Ich bin ein Mensch von superieuren Talent!") und gibt Auskunft über seine depressiven Phasen („Ich kann

Dir meine Empfindung nicht erklären, es ist eine gewisse Leere, die mir halt wehe tut, ein gewisses Sehnen, welches nie befriedigt wird, folglich nie aufhört“). Die Briefe geben dem Leser das Gefühl, in den intimsten Momenten in Mozarts Nähe zu sein. Aber durch sie wird sein Leben trotzdem nicht zu einem offenen Buch, in dem man einfach so lesen kann. Mozart ist ein Theaterverrückter, ein Mann der wirkungsvoll inszenierten Auftritte und der (selbst)ironischen Gesten, ein raffinierter Spieler mit adaptierten Tonfällen – auch in seinen Briefen. Wolfgang Hildesheimer etwa hat aus den deprimierenden Bettelbriefen, die Mozart an seinen Mäzen Michael Puchberg schrieb, das künstliche Verzweiflungspathos der Opera seria herausgehört. In den Beschwichtigungsbriefen an den Vater scheint der Sohn oft nur das zu schreiben, was der in der Ferne grollende Alte hören will. Und ob Mozarts Süßholzraspeleien in den späten Briefen an Constanze Ausdruck einer erfüllten Liebe sind oder angestrengte Rettungsversuche einer kriselnden Beziehung, muss letztlich offen bleiben. Mozart sei auch als Briefeschreiber der Regisseur seiner selbst gewesen, meinte der Musikwissenschaftler Carl Dahlhaus. In den Rollen, die er spiele, sei er authentisch. Aber wer jenseits davon nach dem »eigentlichen Wesen« suche, greife ins Leere. Diesen Griff ins Leere kennt jeder, der sich mit Mozart beschäftigt. Man hat ständig das Gefühl, dass er gerade mit wehenden Rockschößen um die Ecke gebogen ist. Man kommt nicht nach. Sein Lebenstempo, sein Arbeitstempo, sein Denktempo waren einfach zu groß. Er komponierte Opernakte in einer Zeit, in der andere es kaum geschafft hätten, die Noten abzuschreiben, und nebenbei führte er noch einen regen Briefverkehr, organisierte Aufführungen oder schlug sich mit eitlen Sängern herum.

Er hat die Gattungen und musikalischen Formen, die seine Epoche bereithielt, scheinbar umstandslos übernommen, aber er verwandelte sie sofort in etwas anderes, Neues, Überraschendes. Seine Musik hat nur auf den ersten Blick die ebenmäßige, oft gerühmte Klassizität. Dahinter verbergen sich nie gehörte Abenteuer, Umdeutungen, spontane Erfindungen, extreme Kontrastierungen. Mozart fällt sich

mit neuen Ideen selbst ins Wort. Instrumentales treibt Theatralisches hervor, das Theatralische wiederum ist sehr instrumental gedacht. Der Komponist Wolfgang Rihm hat in einer Umfrage zum Mozartjahr 1991 erklärt: Mozart sei für ihn ein schöpferischer Typus, der alles in sich einlasse und in vielfältiger Brechung wieder von sich gebe. Er könne gut verstehen, dass man ihm noch Jahrzehnte nach seinem Tod vorwarf, das er „unrein" komponiert und die Stile gemischt habe. Wenn man genau hinschaue, stimme in seiner Musik keine formale Entwicklung, nichts sei richtig „richtig", alles irgendwie schief. „Deshalb hat Mozart große Kunst hervorgebracht."

Mozarts kreative Rastlosigkeit, sein Immer-schon-weiter-und-woanders-Sein produziert dennoch eine Musik, die ganz bei sich ist und an erfüllten Augenblicken schier überzufließen scheint. Das gilt

Blick aus Mozarts Fenster in die Gegenwart: 1784 bezog der Komponist in Wien die teuerste Wohnung seines Lebens, heute Domgasse 5

für die wunderbaren Cantabile-Bögen in den langsamen Sätzen etwa der *Gran Partita* oder des Klarinettenkonzerts ebenso wie für das sich in Turbulenz überschlagende Finale des zweiten *Figaro*-Akts. Unruhe und Erfüllung bilden ein Spannungsverhältnis: Das Schöne ist bei Mozart nie auf Dauer gestellt. Man muss sich als Beispiel nur die im atemlosen Vivace dahinstürmende erste Cherubino-Arie *Non so più* (»Ich weiß nicht mehr, was ich bin, was ich tue«) aus dem *Figaro* anhören: wie betörend da die Ungeduld eines klopfenden Herzens Kapriolen schlägt, wie flüchtig und zugleich intensiv sich jugendliches Liebessehnen in Musik ausspricht und sogar die Harmonik von der Gefühlsverwirrung erfasst und aus der Balance gekippt wird. Als kurzer, heftiger Windhauch des Erotischen fegt die Arie vorüber.

Bevor Cherubino auch nur begonnen hat, sich seiner Empfindungen bewusst zu werden, ist sie schon zu Ende. Und wieder der Eindruck: Der Komponist ist längst von dannen.

Wie schwierig es ist, Mozart zu „treffen", wissen die Musiker am besten, die ihn spielen und singen. Mozart-Interpretationen sind heikle Balanceakte zwischen Überfeinerung und Langeweile, Oberflächlichkeit und Bedeutungsüberfrachtung, naiver und wissender Phrasierung, singender und sprechender Deklamation, Abstraktion und Konkretion. Nicht wenige Interpreten haben, wenn sie Mozart spielen, das Gefühl, schutzlos und gleichsam nackt dazustehen. Alfred Brendel, einer der großen Mozart-Pianisten, hat dafür plädiert, Leben und Werk von Künstlern strikt zu trennen. Von den biografischen Umständen auf die Stücke zu schließen funktioniere gerade bei Komponisten nur in Ausnahmefällen. „Mir wäre es am liebsten", sagt er, „wenn alle großen Künstler in ihrem Alltagsleben so anonym geblieben wären wie Shakespeare. Je weniger man von ihnen weiß, umso besser." Bei Mozart ist das nicht mehr als eine schöne Vorstellung – insbesondere in einem Jubiläumsjahr. Dann nämlich ist das Bedürfnis nach prägnanter Vergegenwärtigung jenseits von Musik stärker als alle Schwierigkeiten, den „Donnerblitzbub" zu fassen zu kriegen. Dann kommt der Kulturbetrieb einfach nicht weg von den Vergröberungen und Vereinfachungen, vom Pop-Mozart, der angeblich Musik geschrieben hat, die jeder auf der Welt versteht; von Amadeus, dem frühen Rock 'n' Roller, von Mozart, dem Heile-Welt-Apostel, dem einsamen Genie, dem himmlischen Kind. Die Klischees triumphieren über die belegbaren historischen Fakten, auch wenn die Biografen nicht müde werden, darauf hinzuweisen, dass Mozart nicht von Salieri vergiftet wurde und dass reichlich schief liegt, wer glaubt, er sei ein ewiger Kindskopf gewesen oder bettelarm und, von der Welt gänzlich vergessen, in einem Massengrab verscharrt worden.

Jede Generation finde bei Mozart die Dinge, nach denen sie suche, sagt der amerikanische Regisseur Peter Sellars. Der Leipziger Dichter Johann Friedrich Rochlitz verglich ihn an der Schwelle zum 19.

Jahrhundert mit Raffael, und die Frühromantik idealisierte seine Musik zum Inbegriff des heiter Erhabenen. Stendhal fand bei ihm – im Vergleich zu Rossini – „weder Leichtigkeit noch Komik", sondern nur Melancholie und Trauer. E. T. A. Hoffmann begeisterte sich im *Don Giovanni* an der schwarzromantischen Dämonie. Und Robert Schumann hörte in der großen g-Moll-Symphonie, die in unseren Ohren doch so dramatisch tönt, „griechisch schwebende Grazie".

Dass Mozart nicht zu den Erneuerern der Musikgeschichte zu zählen und in erster Linie ein konservativer Vollender der musikalischen Klassik gewesen sei, behauptet heute keiner mehr ernstlich, auch wenn er, aus der Distanz betrachtet, die bestehenden Verhältnisse nicht grundsätzlich infrage gestellt hat. Die Oper und die Gattung der Instrumentalkonzerte sind nach ihm nicht mehr gewesen, was sie vorher waren. Auch politisch steht uns Mozart heute als hellwacher, informiert-kritischer, aufgeklärter Künstler vor Augen, obwohl es keine überlieferte Äußerung von ihm zu den politischen Umwälzungen in Europa gibt. Die triumphierende Bemerkung in einem Pariser Brief an den Vater, dass der „gottlose Erzspizbub voltaire wie ein vieh crepirt ist", steht dazu im Widerspruch – und wird ein ewiges Rätsel bleiben. Der fortschrittliche Mozart, der, so ein Zeitgenosse, „hochgehen konnte wie Schießpulver", fasziniert uns mehr als der Antichambreur bei den Fürsten Europas, der zwar »nicht kriechen« wollte, aber sich doch nichts mehr wünschte als eine Festanstellung bei Hofe.

Das passt zum Klang, mit dem die Musiker der historischen Aufführungspraxis unser gegenwärtiges Mozart-Bild beeinflusst haben. Als Antwort auf den noblen, klangpolierten Mozart der Generation von Karl Böhm und Herbert von Karajan haben sie das Gestische, Theatralische und körperlich Agile der Musik, auch der rein instrumentalen, ins Bewusstsein gerufen, gleichsam einen Sturm-und-Drang-Mozart. Als Komponist des Ausgleichs, des klassischen Ebenmaßes, des „Mitteldings" (wie er, auf ein Klavierkonzert bezogen, selbst schreibt) ist er seitdem kaum mehr zu erkennen. In den Interpretationen dominieren die zugespitzten Tempi, die markante Artikulation, die pointierten Hell-dunkel-Kontraste. Die Ombraszenen können nicht schwarz genug ausfallen. Auch die Gewichtung der Stücke hat sich verschoben. Lange Zeit für nicht repertoirefähig gehaltene Opern wie *Idomeneo* oder *La Clemenza di Tito* haben die Dominanz von *Zauberflöte, Le nozze di Figaro* und *Don Giovanni* in den Spielplänen der Theater durchbrochen. *Così fan tutte,* einst als sittlich fragwürdiges Stück und verunglückte Komödie geschmäht, ist zur wahren Lieblingsoper der Regisseure aufgestiegen und hat sich von der bunten Klamotte zum pessimistischen Lehrstück über das Scheitern von Beziehungen gewandelt. Mozart, der Ironiker, der sarkastische Spieler mit Täuschung und Wahrheit, sagt uns mehr als der übermütige Komödiant.

An den Theatern wurde bei Mozarts Opern in den letzten zwanzig Jahren hinabgeblickt in die Tiefgeschosse der Psychoanalyse. Die Regisseure haben die Lunte an alle erdenklichen politischen und gesellschaftlichen Zündstoffe gelegt und dabei das so genannte Heitere ab- und Widersprüchliches grell aufgeblendet. Die Bildermaschine des Regietheaters liefert die griffigsten Mozart-Thesen: Die Berliner *Entführung aus dem Serail* des katalanischen Regisseurs Calixto Bieito spielt in einem Bordell, in dem Osmin als sadistischer Frauenschlitzer umgeht. Im Salzburger *Don Giovanni* von Martin Kusej fährt der Held nicht zur Hölle, sondern stirbt an Unterkühlung unter dem Kunstschnee einer Luxusdesigner-Welt. Im Salzburger *Figaro* von Christoph Marthaler schlurft ein trauriger Alleinunterhalter durch den Abend, und hinter jedem Buffa-Sechzehntel lauert die Depression. Im Hamburger *Tito* von Peter Konwitschny wird dem Herrscher ein Blechherz implantiert, bevor er seinen Feinden verzeiht. Die Inszenierungen versuchen Mozart an unsere Gegenwart heranzurücken. Aber erzählen sie nicht zugleich vom Abstand zwischen ihm und unserer Spätmoderne? Mozarts Themen – die Liebe, das Erotische, das Versöhnliche – scheinen nur noch ex negativo als etwas schmerzlich Abwesendes beschreibbar. In der vermeintlichen Nähe zeigt sich zugleich die Ferne. Dem Spiegelkabinett können wir bei Mozart nicht entrinnen. Und wir wollen es auch nicht.

Bildnachweis

10 Sheila Rock/EMI Classics
13 Werner Neumeister, München
14 Ludwig Schirmer/Ostkreuz
18 C.van Zuylen/Lebrecht Music Collection/Interfoto
20-21 G.Anderhub/ Lebrecht Music Collection/Interfoto
22 akg-images/Album
27 picture-alliance /akg-images
43 Noel Tovia Matoff
50 Erich Lessing/Magnum Photos/Agentur Focus
58-59 Horst Stasny

DIE ZEIT Klassik-Edition

Musik zum Lesen und Hören

Band 01 | Yehudi Menuhin
Brahms, Bruch: Violinkonzerte
ISBN 3-476-02201-3

Band 02 | Herbert von Karajan
Sibelius: Sinfonien Nr. 2 und 5
ISBN 3-476-02202-1

Band 03 | Elisabeth Schwarzkopf
Richard Strauss: Vier letzte Lieder, Szenen aus „Der Rosenkavalier"
ISBN 3-476-02203-X

Band 04 | Sabine Meyer
Mozart und Weber: Klarinettenkonzerte
ISBN 3-476-02204-8

Band 05 | Sergiu Celibidache
Bruckner: Sinfonie Nr. 4 Es-Dur „Romantische"
ISBN 3-476-02205-6

Band 06 | Pablo Casals
Bach: Suiten für Cello solo
ISBN 3-476-02206-4

Band 07 | Martha Argerich
Schumann, Bartók, Prokofjew: Klavierkonzerte
ISBN 3-476-02207-2

Band 08 | Roger Norrington
Wagner: Vorspiele und „Liebestod"
ISBN 3-476-02208-0

Band 09 | Nigel Kennedy
Vivaldi: Die vier Jahreszeiten, Mendelssohn: Violinkonzert
ISBN 3-476-02209-9

Band 10 | Wilhelm Furtwängler
Beethoven: Sinfonie Nr. 9
ISBN 3-476-02210-2

Band 11 | Maria Callas
Wahnsinns-Szenen von Donizetti, Bellini und Thomas
ISBN 3-476-02211-0

Band 12 | Simon Rattle
Strawinsky: Le sacre du printemps, Janáček: Sinfonietta
ISBN 3-476-02212-9

Band 13 | Maurizio Pollini
Chopin: Klavierkonzert Nr. 1, Nocturnes, Balladen, Polonaisen
ISBN 3-476-02213-7

Band 14 | Jacqueline du Pré
Elgar: Cellokonzert, Brahms: Cellosonate F-Dur
ISBN 3-476-02214-5

Band 15 | Leonard Bernstein
Berlioz und Milhaud: Orchesterwerke
ISBN 3-476-02215-3

Band 16 | Alban Berg Quartett
Schubert: Streichquartette Nr. 10 und Nr. 14 „Der Tod und das Mädchen"
ISBN 3-476-02216-1

Band 17 | Dietrich Fischer-Dieskau
Schubert: Winterreise, Die Forelle, Erlkönig
ISBN 3-476-02217-X

Band 18 | Mariss Jansons
Schostakowitsch: Sinfonie Nr. 5, Klavierkonzert Nr. 1, Jazz-Suite Nr. 1
ISBN 3-476-02218-8

Band 19 | Mstislaw Rostropowitsch
Dvořák und Schumann: Cellokonzerte
ISBN 3-476-02219-6

Band 20 | Otto Klemperer
Mahler: Sinfonie Nr. 2 c-Moll „Auferstehung"
ISBN 3-476-02220-X

Gesamtreihe: Die ZEIT Klassik-Edition
ISBN 3-476-02200-5

Im Internet unter:
www.zeit-klassikedition.de